Theodor Gomperz

Platonische Aufsätze

I. Zur Zeitfolge platonischer Schriften

Theodor Gomperz

Platonische Aufsätze
I. Zur Zeitfolge platonischer Schriften

ISBN/EAN: 9783743670457

Hergestellt in Europa, USA, Kanada, Australien, Japan

Cover: Foto ©Thomas Meinert / pixelio.de

Weitere Bücher finden Sie auf **www.hansebooks.com**

PLATONISCHE AUFSÄTZE.

VON

THEODOR GOMPERZ,

WIRKL. MITGLIEDE DER KAIS. AKADEMIE DER WISSENSCHAFTEN.

I.

ZUR ZEITFOLGE PLATONISCHER SCHRIFTEN.

WIEN, 1887.

IN COMMISSION BEI CARL GEROLD'S SOHN

BUCHHÄNDLER DER KAIS. AKADEMIE DER WISSENSCHAFTEN.

Aus dom Jahrgange 1887 der Sitzungsberichte der phil.-hist. Classe der kais. Akademie der Wissenschaften (CXIV. Bd., II. Hft. S. 741) besonders abgedruckt.

Druck von Adolf Holzhausen,
k. k. Hof- und Universitäts-Buchdrucker in Wien.

Die zum Mindesten ein halbes Jahrhundert fruchtbaren Schaffens umspannenden, so vielgestaltigen und widerspruchsvollen Werke Plato's nach der Folge ihrer Abfassungszeit anordnen zu wollen — dies ist sicherlich mehr als ein blosses Verlangen wohlberechtigter Wissbegier. Die Lösung des heiss umstrittenen Problemes verheisst uns reichen Gewinn. Von ihr erwarten wir die schliessliche Beseitigung des auf diesem Boden noch immer üppig wuchernden, Discrepanzen verhüllenden, äusserlichen Einklang erzwingenden, harmonistischen Bemühens; die Sicherung und in anderen Fällen die Anbahnung eines völlig unbefangenen und eindringenden Verständnisses gar vieler dieser Schriften; desgleichen die Beschaffung eines unverächtlichen Hilfsmittels zur Entscheidung der Echtheitsfrage in Ansehung des angefochtenen Theils der Sammlung; ja schliesslich vielleicht auch die Gewinnung neuer Einblicke in die Entwicklungs- und Bethätigungsweise schöpferischer Geister überhaupt.

Allein so lockend das Ziel, so gewaltig ist das Heer der Schwierigkeiten, welches sich seiner Erreichung hindernd in den Weg stellt. Sie entspringen insgesammt der schriftstellerischen Eigenart Plato's, und zwar zumeist an zwei Punkten derselben. Seine Scheu vor der Ueberlieferung fertiger, von ihrer Gedankenwurzel abgelöster oder ablösbarer und darum leicht zu leblosen Dogmen erstarrender Ergebnisse hat ihn die seiner künstlerischen Begabung so congeniale Gesprächsform zugleich endgiltig wählen und sie vielfach in einer Weise hand-

1*

haben lassen, bei welcher das Endziel einer verschlungenen
und wechselvollen Erörterung unausgesprochen, ja selbst ein
Zweifel darüber bestehen bleibt, ob ein solches in Wahrheit
erreicht ist oder nicht. Daher der nicht enden wollende Streit
über den Lehrgehalt so vieler Dialoge, über die zwischen
ihnen obwaltenden Uebereinstimmungen und Widersprüche, Beziehungen und Anspielungen, und somit auch über die Reihenfolge ihres Entstehens. Dieselben und verwandte Beweggründe
(darunter gewiss auch das Widerstreben gegen die Identificirung
seiner eigenen wandelbaren und in stetem Flusse begriffenen
geistigen Persönlichkeit mit irgend einer ihrer Entwicklungs-
phasen) haben ihn dazu vermocht, nicht sich selbst, sondern
seinen verehrten Meister Sokrates zum Mittelpunkt und zur
Hauptperson der meisten Gespräche zu machen. So lange nun
die Sokrates-Maske sein Antlitz deckt, ist ihm jeder Ausblick
auf Personen, Lehren, Ereignisse verwehrt, die jenseits der
Lebensgrenzen seines Meisters gelegen sind, das heisst auf Alles
oder nahezu Alles, was in die Zeitgrenzen seines eigenen schriftstellerischen Wirkens fällt. Mitunter freilich lüftet er die Maske,
ein paarmal offen, wie in übermüthiger Laune die selbstgezogenen
Schranken durchbrechend; häufiger jedoch in verstohlener und
versteckter Weise, durch Winke und Andeutungen, welche uns
nicht seltener irrezuleiten als aufzuklären geeignet sind und die
wir — was das Schlimmste ist — sicherlich ebenso oft dort,
wo sie vorhanden sind, übersehen, als wir sie dort, wo sie nicht
vorhanden sind, zu sehen vermeinen.

　　　Nichts begreiflicher, als dass angesichts dieser Häufung
von Schwierigkeiten die Zahl der allgemein anerkannten Ergebnisse verschwindend klein, jene der Meinungsverschieden-
heiten überaus gross und in beständigem Wachsen begriffen
ist, nicht minder, dass Worte wie ‚Chaos‘ und ‚Verzweiflung‘
sich den Beurtheilern dieser Versuche immer häufiger auf die
Lippen drängen. Wenn ich es trotzdem wage, in die im Laufe
der letzten Jahre mit so regem Eifer betriebenen Studien auch
meinerseits durch einen Beitrag eingreifen zu wollen, so leitet
mich hierbei vornehmlich die nachfolgende Erwägung. Es gibt
— das ist meine feststehende Ueberzeugung — auf diesem
Gebiete einen G r u n d s t o c k z w e i f e l l o s e r W a h r h e i t e n.
Diesen aus der Masse des blos mehr oder minder Wahrschein-

lichen auszusondern, durch strenge Beweisführung gleichwie
durch den Hinweis auf bereits vorgebrachte, aber nicht nach
Gebühr gewürdigte Argumente zu sichern und in stetigem,
behutsamem Vorschreiten zu mehren — ein anderes Mittel kenne
ich nicht, um aus dem Gewirr einander kreuzender Einzelpfade
endlich in die breite und gefestigte Bahn continuirlicher Forschung zu gelangen. Der Arbeit des Wegebauers geht jene
des Feldmessers voraus, der die Richtpunkte ermittelt und
absteckt, welche die vollendete Strasse dereinst wird verbinden
müssen. Solch einer bescheidenen Vorarbeit sind die nachfolgenden Blätter gewidmet.

1. Der Dialog Menon bildet einen Knotenpunkt platonischer Schriftstellerei. Zunächst verschlingen sich in ihm Fäden,
die aus zwei verschiedenen Gesprächen stammen und daher
auch diese selbst mit einander verknüpfen. Die Durchsichtigkeit
des wenig umfangreichen Dialogs und sein vergleichsweiser
Reichthum an positivem Lehrgehalt machen diese Beziehungen
zugleich deutlich erkennbar und fruchtbar an Folgerungen. Zwei
dieser Fäden reichen aus dem Protagoras herüber. Es sind
die hier und dort verhandelten Fragen: 1. wie kann Tugend
Erkenntniss und somit lehrbar sein, da wir doch keine Lehrer
derselben aufzuweisen vermögen? 2. wie lässt es sich unter
derselben Voraussetzung erklären, dass treffliche Staatsmänner
ihre Söhne nicht zu gleicher Trefflichkeit heranbilden? Die
zweite dieser Aporien erhält hier durch die Unterscheidung der
allein zum Lehren befähigenden ‚wissenschaftlichen Erkenntniss‘ und der für die Praxis vielfach ausreichenden ‚richtigen
Meinung‘ ihre Lösung. Und eben hiedurch wird, da es ja
baare Thorheit wäre, ein schon gelöstes Räthsel den Lesern
von Neuem zur Lösung vorzulegen, das Zeitverhältniss der zwei
Gespräche (wie schon Schleiermacher aufs Beste erkannt hat)
unwidersprechlich festgestellt. Im engsten Anschluss an diese
fundamentale Unterscheidung tritt jene glimpfliche Beurtheilung
athenischer Staatslenker auf, die zu dem giftigen Hohn, mit
welchem der Gorgias sie überschüttet, einen so denkwürdigen
Gegensatz bildet. Einen Gegensatz überdies, der allezeit bemerkt werden musste und mithin, da nicht die Werke eines
Stümpers vor uns liegen, gewiss auch bemerkt werden sollte.
Hier wie dort werden vier athenische Staatsmänner ersten

Ranges genannt; zwei von ihnen sind an beiden Orten iden-
tisch, zwei andere wechseln nach dem Bedarf des jeweiligen
Zusammenhanges. Dort heisst es von ihnen, sie haben ‚den
Staat lediglich mit Häfen, Werften, Mauern, Tributen und der-
gleichen Possen mehr angefüllt‘ (Gorg. 519ª), hier müssen
sie sich zwar immer noch mit dem zweiten Platz hinter den
Philosophen begnügen, allein den Gegenständen allgemeinster
Verehrung und ihrem gesammten Wirken wird doch nicht mehr
mit wegwerfender Verachtung begegnet. Was darf uns das
Wahrscheinlichere dünken? Dass Plato sein etwaiges Emporsteigen von einer mässigen Paradoxie zu einer masslosen und das
Fallenlassen der wohlerwogenen, sorgsam begründeten Theorie,
auf der jene beruhte, so geflissentlich hervorzuheben bemüht
war? Oder dass er dem Leser vernehmlich genug andeuten
wollte, er habe eine ausschweifende, die stärksten Empfindungen
seiner Landsleute schwer verletzende Ansicht endlich zu mässigen
und einzuschränken gelernt? Sicherlich das letztere, und darum
ist der Menon jünger nicht nur als der Protagoras, sondern auch
als der Gorgias.

Und hier möchte ich — falls mir ein Schritt vom Wege
gestattet ist — die Vermuthung aussprechen, dass diese
‚Ehrenrettung‘ athenischer Staatsmänner geradezu den Kern-
und Quellpunkt des Menon ausmacht. Sie bildet das Ende des
Dialogs, und mit diesem Eindruck werden wir entlassen. Auch
erklärt sich von hier aus der Aufbau des ganzen Gespräches.
Für die Palinodie des Gorgias, um einen kräftigen, vielleicht
überkräftigen Ausdruck zu gebrauchen, galt es eine angemessene,
das Selbstgefühl des Autors nach Möglichkeit schonende Form
zu gewinnen. Dazu empfahl sich in vorzüglicher Weise die
Anknüpfung an jene zweite Aporie des Protagoras. Freilich
war Plato's Meinung im zuletzt genannten Dialoge fast sicherlich dahin gegangen, dass es den Staatsmännern an Weisheit
gebreche und dass die vielfachen Misserfolge in der Erziehung
ihrer Kinder dies mit beweisen helfen. Allein er hatte doch jene
Meinung dort keineswegs in so schroffer und unumwundener
Weise geäussert wie im Gorgias, vielmehr die Endentscheidung
scheinbar in der Schwebe gelassen. So durfte sich denn der
kunstreiche, niemals um eine Auskunft verlegene Schriftsteller
sehr wohl den Anschein geben, auf jene als eine noch ungelöst

gebliebene Frage zurückzugreifen — darauf zurückzugreifen
in einem Gespräche, dessen Personen als gleichsam hungernd
nach positiven Lösungen, als müde des ewigen Vexirspiels und
der unablässigen Mystificationen überdrüssig gewiss nicht ohne
tiefen Grund erscheinen. Denn nicht blos an den historischen
Sokrates möchte ich bei dem berühmten Zittcraal - Gleichniss
(80ª) denken, sondern Plato selbst lässt sich — an der Schwelle
des positiven Theiles jenes Dialogs — von seinen Lesern zu
den lange vermissten und heiss ersehnten Darlegungen drängen,
welche den Rest des Werkes in so dichter Fülle einnehmen.
Ihrer aller Zielpunkt aber ist jene den Staatsmännern dar-
gebrachte ‚Ehrenerklärung‘, wenn sie gleich (und wann wäre
dies bei Plato nicht der Fall?) selbstständiger Bedeutung keineswegs entbehren. Das glimpflichere Urtheil über die Politiker
ruht ja auf der Unterscheidung von ἐπιστήμη und ὀρθὴ δόξα, den
artbildenden Unterschied beider Begriffe (ihre differentia) macht
der αἰτίας λογισμός aus und dieser selbst wird (98ª) auf die
Lehre von der ἀνάμνησις aufgebaut. Ist damit der dem Menon
eigenthümliche Lehrgehalt nicht so gut als erschöpft?

Doch — um von dieser Abschweifung zurückzukehren
— ich habe des Einwandes noch nicht gedacht, dass jene
‚Ehrenerklärung‘ nur i r o n i s c h gemeint sei. Bedarf dieser
unglückliche Einfall Schleiermacher's einer weitläufigen Wider-
legung? Ein ironisch gemeintes Lob muss doch vor Allem
ein übertriebenes, ein überschwängliches sein. Welchem zeit-
genössischen, zumal welchem athenischen Leser konnte die
Stellung, die der Menon Athens leitenden Staatsmännern hinter
den ‚Philosophen‘, das heisst hinter Sokrates und seinen Jüngern,
anweist, in diesem Licht erscheinen? ‚Eine gar seltsame Rang-
folge‘, so mochten neunundneunzig unter hundert Lesern aus-
rufen, ‚die unseren grossen Männern nichts weniger als gerecht
wird!‘ Dass sie diesen mehr als gerecht wird, dies konnte
selbst der hundertste nicht wähnen. Wie sollte sich da ein
Gedanke an Ironie einstellen? Oder ward ein solcher vielleicht
durch die Persönlichkeit der Männer nahegelegt, welche Plato
diesmal zu Vertretern der Gattung erkoren hat? Dieser Punkt
ist einer kurzen Ueberlegung werth. Von den Viermännern,
welche der platonische Gorgias so erbarmungslos verurtheilt hat,
kehren zwei unverändert wieder: Themistokles und Perikles;

zwei andere, Miltiades und Kimon, mussten weichen — der
erstere, weil der bedeutende Vater eines bedeutenden Sohnes
nicht in einen Zusammenhang passte, welcher von der Frage
ausgeht: wie kommt es, dass hervorragende Staatsmänner nicht
gleich hervorragende Söhne zurücklassen? Der letztere, wenn
aus keinem anderen Grunde, so doch jedenfalls darum, weil
es der Gipfel schriftstellerischen Ungeschicks gewesen wäre,
durch die Nennung auch nur des Sohnes an jene Ausnahme
von der hier behaupteten Regel zu erinnern. Wer tritt nun in
die freigewordenen Stellen? Thukydides, des Melesias Sohn,
und — Aristides! Dieser eine Name entscheidet endgiltig
die Frage, die uns hier beschäftigt, wenn es anders jemals
eine Frage sein konnte. Und er würde sie auch dann ent-
scheiden, wenn nicht Plato selbst durch das überquellend warme
Lob, welches er sogar im staatsmännerfeindlichen Gorgias dem
Sohne des Lysimachos gespendet hat (526b), man möchte fast
sagen dafür Sorge getragen hätte, uns jeden Irrweg zu ver-
sperren. Wer noch einen Scrupel hegt, der lese die gewundenen,
den Stempel sichtlicher Verlegenheit tragenden Sätze, in welchen
Schleiermacher den Schwierigkeiten auszubeugen versucht, die
seiner Auffassung unserer Stelle aus dem Erscheinen des ‚Ge-
rechten‘ im Kreise der hier beurtheilten athenischen Staatsmänner erwachsen.

Wäre ich nicht ängstlich darauf bedacht, diese nur auf
feste Grundlegung abzielenden Erörterungen von jeder dem
Meinungsstreit neue Nahrung zuführenden Zuthat frei zu halten:
nichts wäre leichter, als auf die verschiedenen Stufen in Plato's
Lebens- und Entwicklungsgang hinzuweisen, welchen das ver-
änderte Verhältniss zur praktischen Politik entspricht, wie es
im Gorgias und wie es im Menon uns entgegentritt. Dort Welt-
flucht, herausfordernde Abkehr von der Wirklichkeit: hier das
Bestreben, der letzteren und ihren ruhmvollen Vertretern einiger-
massen gerecht zu werden. Dort eine gähnende, abgrundtiefe
Kluft zwischen dem Zukunftsideal und der realen Gegenwart;
hier das Bemühen, jene Kluft zwar nicht auszufüllen, aber doch
auch nicht als völlig unüberbrückbar darzustellen. Dort ein
hochfahrendes Verschmähen jeglichen Compromisses: hier die
Suche nach Surrogaten — ach! sie wird sich noch oft er-
neuen! —, nach Ersatzmitteln der so schwer und so selten zu

erreichenden geistigen und sittlichen Vollkommenheit. Man
kennt die Stimmung, aus welcher der Gorgias geflossen ist.
Plato gründet seine Schule,[1] die Brust geschwellt von stolzen
und, da keinerlei Erfahrung sie einschränken konnte, wohl auch
von masslosen Hoffnungen, — vielfach verspottet ob seines uner-
hörten, des Sprösslings edler Ahnen so wenig würdig scheinen-
den Beginnens, — verklagt darob, dass er, der Reichbegabte, die
Arena des öffentlichen Lebens meide, um in engen Jüngercon-
ventikeln Begriffe zu spalten und Worte zu klauben (Gorg. 485^d):
und gegen all' den Hohn und all' die Anklagen der Freunde
und Angehörigen wohl noch mehr als der Gegner sich mit
unbeugsamem Trotze wappnend.

Ein paar Jahre sind dahingegangen. Die junge Schule
gedeiht, wenngleich unter Kämpfen. Zu des Meisters Füssen
drängen sich hochstrebende Jünglinge, welche hier die Waffen
für den politischen Parteistreit zu erwerben trachten. Die Inter-
essen der neuen Lehranstalt, die Anforderungen, denen sie ge-
nügen soll, die Fehden, die sie zu bestehen hat, knüpfen ihren
Leiter mit engeren Banden an das Leben. Der Vorwurf der
Weltentfremdung, des starren Doctrinarismus lässt ihn nicht so
gleichgiltig wie ehedem. Sein Selbstgefühl ist zugleich sicherer
und massvoller geworden und gewinnt daher minder heftigen
Ausdruck. Auch die Behutsamkeit ist ihm nicht mehr gänzlich
fremd. Denn Nebenbuhler erspähen emsig jede Blösse, die er
ihnen bieten mag. Haben wir nicht in dieser Phase von Plato's
Geistesverfassung, welcher wieder andere und sehr verschiedene
Phasen folgen sollten, den Boden gefunden, welchem der Menon[2]
entspriessen mochte? Doch ich eile, wieder in die Bahn ge-
sicherter Beweisführung zurückzulenken.

2. Mit den Fäden, welche von Protagoras und Gorgias
her im Menon zusammenlaufen, verknüpft sich ein anderer,

---

[1] Vgl. Schleiermacher I, 2, 15—16; Bonitz 34—35; Grote II, 143.
[2] Unserer Auffassung dieses Dialogs kommt am nächsten jene K. Fr. Hermann's, S. 484. Auch seine Abhandlung ‚De Platonis Menone‘ enthält
manche zutreffende Bemerkung, namentlich p. 59—60. Wer übrigens
Wesentliches von Unwesentlichem scheiden gelernt hat, der wird in
dem Scherzwort von den ‚göttlichen Männern‘ (99^d) eine wenig bedeutende Rückzugsplänkelei, nicht aber einen für die gesammte Auffassung
des Gespräches Mass und Richtung gebenden Wink erkennen.

der vom Menon zum Phädon herabreicht. Ich meine jene
Rückverweisung auf die Lehre von der ‚Wiedererinnerung‘
und ihre Darlegung im Menon (81ᵃ ff.), welche uns im Phädon
(72° ff.) begegnet — eine Rückverweisung, welche zumal von
Ueberweg (289—290) und neuerlich wieder von Siebeck (228)
so trefflich beleuchtet worden ist, dass jedes weitere Wort
darüber von Ueberfluss wäre. Mit bestem Fug durfte schon
Schleiermacher sagen, Plato berufe sich im Phädon auf den
Menon ‚vielleicht bestimmter und ausdrücklicher als irgend
sonstwo auf ein früheres Werk‘ (II, 3, 11).

Darf uns somit die Folgeordnung:

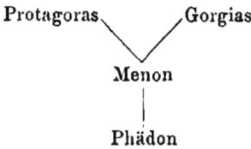

als gegen jede Anfechtung gesichert gelten, so erscheint ein
weiterer Fortschritt zunächst davon abhängig, ob wir irgend-
welche andere Dialoge dem Schlussglied dieser Kette voranzustellen berechtigt sind. Und da ist es denn freilich längst
anerkannt, bereits von Schleiermacher angedeutet und von
Bonitz mit gewohnter siegreicher Klarheit nachgewiesen, dass
im Phädon ‚kein Beweis für die Unsterblichkeit der Seele von
Platon anders unternommen wird als auf Grund der Ideenlehre‘ (307). Da aber eben diese Lehre im Phädon selbst
erörtert wird, so musste die Frage, ob Plato seine eigen-
thümlichste Doctrin bereits in anderen vor der Abfassung dieses
Dialogs veröffentlichten Schriften dargelegt habe, darum noch
nicht nothwendig eine ausnahmslos bejahende Beantwortung
finden. Und sie hat sie in der That nicht gefunden. Vielmehr haben treffliche Kenner unseres Philosophen wie Fritz
Schultess ¹ und nach ihm Wilhelm Dittenberger, desgleichen (mit
einer geringen Einschränkung) Martin Schanz kein Bedenken

---

¹ ‚Kurz, man erkennt, dass die ganze Ideenlehre dem Verfasser des Phädon
ein jüngst erst zu Stande gekommenes Lehrgebäude ist, dass er sie,
ohne irgend eine Bekanntschaft vorauszusetzen, seinen Lesern zum
ersten Male vorträgt‘ u. s. w. (65); Schanz (412 ff.) lässt dem Phädon
von allen einschlägigen Schriften nur das Symposion, Dittenberger (326
und 342) selbst dieses nicht vorangehen.

getragen, den Phädon an die Spitze sämmtlicher die Ideenlehre behandelnden Gespräche zu stellen. Sie hätten dies sicherlich unterlassen, wenn sie sich rechtzeitig zweier hochwichtiger Stellen dieses Dialogs erinnert hätten, nämlich der folgenden: Ἆρ' οὖν οὕτως ἔχει, ἔφη, ἡμῖν, ὦ Σιμμία; εἰ μὲν ἔστιν ἃ θρυλοῦμεν ἀεί, καλόν τε καὶ ἀγαθὸν καὶ πᾶσα ἡ τοιαύτη οὐσία, καὶ ἐπὶ ταύτην τὰ ἐκ τῶν αἰσθήσεων πάντα ἀναφέρομεν κτέ. (Phaedo, 76ᵈ).

Ἀλλ', ἦ δ' ὅς, ὧδε λέγω, οὐδὲν καινόν, ἀλλ' ἅπερ ἀεὶ καὶ ἄλλοτε καὶ ἐν τῷ παρεληλυθότι λόγῳ οὐδὲν πέπαυμαι λέγων. ἔρχομαι γὰρ δὴ ἐπιχειρῶν σοι ἐπιδείξασθαι τῆς αἰτίας τὸ εἶδος ὃ πεπραγμάτευμαι, καὶ εἶμι πάλιν ἐπ' ἐκεῖνα τὰ πολυθρύλητα καὶ ἄρχομαι ἀπ' ἐκείνων, ὑποθέμενος εἶναί τι καλὸν αὐτὸ καθ' αὑτὸ καὶ ἀγαθὸν καὶ μέγα καὶ τἆλλα πάντα κτέ. (ib. 100ᵇ).

Wenn dies keine Rückbeziehungen sind, so weiss ich nicht, was man unter solchen zu verstehen hat. Es sind sonnenklare Verweisungen auf früher erfolgte Darlegungen der Ideenlehre; und nur so erklärt sich ja auch das rasche Verständniss und die bereitwillige Zustimmung, welche Sokrates mit seiner kurzen Recapitulation bei Simmias findet (76ᵈ—77ᵃ), das heisst doch, welche der Autor bei seinen Lesern zu finden mit Zuversicht erwarten durfte! Fragt man uns aber, worauf jener Hinweis ziele und welche Dialoge auf Grund desselben dem ·Phädon voranzustellen seien, so darf unsere Antwort vorerst also lauten.

Die Schriften, welche sich mit der Ideenlehre einlässlich genug beschäftigen, um hier überhaupt in Betracht zu kommen, sind Phädros, Symposion, Republik, Timäos, Parmenides und Sophistes. Es soll die Möglichkeit, dass die zwei zuletzt genannten Gespräche gemeint seien, hier nicht erörtert und bestritten werden. Wohl aber ist es unmöglich, dass sie — einzeln oder vereinigt — allein gemeint seien. Denn Werke, in welchen so tiefgreifende Einwürfe gegen die Ideenlehre erscheinen und nicht minder tiefgreifende, auf die Hinwegräumung bereits wahrgenommener Schwierigkeiten abzielende Modificationen derselben erfolgen, sind sicherlich nicht eben jene, mittelst welcher der Urheber dieser Doctrin sie zuerst bekannt gemacht hat.. Geht der Parmenides oder der Sophistes oder beide dem Phädon voraus, so geht — dies wird niemand bezweifeln — ihnen selbst wieder eine oder mehrere der obgenannten vier

Schriften voraus. Ueber diese gilt es daher, gleichviel, welche die Stelle jener zwei dialektischen Dialoge sein möge, eine Entscheidung zu treffen, entweder in dem Sinne, dass sie insgesammt oder dass ein Theil von ihnen dem Phädon vorangehen.

Was nun das Symposion anlangt, so steht es mit ihm in gewissem Masse ähnlich wie mit den zwei zuletzt besprochenen Dialogen. Es setzt zwar nicht gleich diesen eine vorgängige Darstellung der Ideenlehre voraus, aber es kann so wenig als diese allein gemeint sein, weil in ihm nicht von der Ideenlehre in der hier erforderten Ausdehnung, sondern ausschliesslich von einer Idee, jener des Schönen die Rede ist. Vom Timäos brauchen wir nicht zu sprechen, da ihm unbestrittener Massen die Republik voraufgeht oder (da in Betreff des zehnten Buches ein, wenngleich haltloser Zweifel geäussert worden ist) doch jedenfalls die Theile der Republik, nämlich die Bücher V—VII, die uns hier allein zu kümmern haben. Somit steht der Schluss unabweisbar fest: Dem Phädon geht der Phädros oder die Republik oder beide voran. Welche der beiden hiernach allein ernstlich in Frage kommenden Folgeordnungen: a) Phädros, Phädon, Republik (Timäos) oder b) Phädros, Republik (Timäos), Phädon — denn die noch übrig bleibenden: c) Republik (Timäos), Phädon, Phädros und d) Republik (Timäos), Phädros, Phädon, dürfen wohl aus allgemein bekannten und anerkannten ˙Gründen vorerst aus dem Spiele bleiben — die richtige ist, soll hier nicht entschieden werden. Die Entscheidung wird in erster Reihe von dem Gewicht abhängen, welches man einerseits den Rückbeziehungen auf den Phädon, die Schleiermacher (III, 1, 395—396) und nach ihm viele Andere in der Republik X, 611 zu erkennen glaubten, und andererseits den Argumenten einräumt, welche August Krohn (266 und 273) und Paul Tannery (p. 152) gegen diese Anordnung ins Feld geführt haben.[1] Auch andere Elemente, welche zum Theil noch gar nicht in die Discussion gezogen wurden, werden hiebei eine Rolle spielen.

[1] Die Möglichkeit, dass Phädon nach Republik Buch V—VII, aber vor Buch X verfasst sei, braucht uns, da sie bisher selbst nicht von den Leugnern der Einheit der Republik ins Auge gefasst ward, so wenig als die oben erwähnten Möglichkeiten c) und d) zu beschäftigen.

Die Wandlungen in Plato's psychologischen Lehren
aber, welche diese ganze Streitfrage veranlasst haben, werden
schwerlich den Stoff zu ihrer Schlichtung liefern. Denn Einwendungen von mindestens beträchtlicher Scheinbarkeit lassen
sich gegen jede der zwei in Frage stehenden Folgeordnungen
erheben. Das Stärkste was sich gegen die Schleiermacher'sche
Anordnung (a) vorbringen liess, war dies, dass sie zur Annahme eines schwer begreiflichen Hin- und Herschwankens in
Plato's Geiste nöthige durch die Folge: Dreitheilung der Seele,
Einheitlichkeit derselben, wieder Dreitheilung der Seele. Es
scheint aber noch nicht bemerkt zu sein, dass eine ganz
gleichartige Schwierigkeit auch der anderen, von Ueberweg
vorgeschlagenen, Folgeordnung (b) innewohnt, vermöge der
Succession der Lehren: Unsterblichkeit der ganzen Seele, Unsterblichkeit nur eines Seelentheils, wieder Unsterblichkeit der
ganzen Seele. Wo sich uns ein Ausweg aus diesem Irrsal zu
öffnen und welche die richtige Erklärung jener Oscillationen
zu sein scheint — dies bleibt vielleicht besser unausgesprochen,
bis wir in Betreff der Reihenfolge dieser Dialoge einen festen
Stamm von Beweisgründen gewonnen haben, an welchem die
diesbezüglichen Wahrscheinlichkeits-Erwägungen sich empor-
zuranken vermögen.

Mich mit den chronologischen Sprachkriterien,
welche Dittenberger und nach ihm Schanz ermittelt haben,
an dieser Stelle vollständig auseinanderzusetzen, daran hindert
mich der Plan meiner Arbeit. Müsste ich hiebei doch der spä-
teren Beweisführung vorgreifend Zeitbestimmungen aufstellen,
welche vorerst nur den Werth beweisloser Behauptungen be-
sässen. Allein wenn nichts Anderes, so muss mich doch der
Widerspruch, in welchem ich mich betreffs des Zeitverhält-
nisses zwischen Phädon und Phädros mit den Ergebnissen jener
Forscher befinde, daran verhindern, an denselben stillschweigend
vorüberzugehen. Und zwar ist meine Lage hiebei eine seltsame. Ich sehe mich genöthigt, einzelne Missbräuche und Fehl-
anwendungen einer Methode abzuwehren, deren hohen Werth
ich voll und freudig anerkenne, ja von deren Mithilfe ich

die wesentlichste Förderung bei der endgiltigen Lösung der
hier verhandelten Probleme erwarte.

Wilhelm Dittenberger hat in seinem epochemachenden
Aufsatz eine Reihe von bedeutsamen Thatsachen festgestellt,
deren Tragweite man nicht dadurch vermindert, dass man,
wie dies bedauerlicher Weise kein Geringerer als Zeller
(S. 216—219) gethan hat, ausschliesslich die schwächste Seite
jener Erörterungen ins Auge fasst. Als solche muss uns
nämlich der — von Dittenberger selbst nur mit weitreichenden
Vorbehalten (S. 335 — 336) unternommene — Versuch erscheinen, aus den Frequenz-Verschiedenheiten gewisser
Partikeln und Partikel-Verbindungen entscheidende Schlüsse
auf die Abfassungszeit platonischer Schriften zu ziehen. Auch
hier freilich thut mehr als eine Unterscheidung
Noth. Dass die Frequenz jedes beliebigen, in den Schriften
eines Autors vorkommenden Wortes oder Wörtchens eine
ihren Entstehungszeiten entsprechende auf- oder absteigende
Reihe bilden sollte, dies von vornherein zu erwarten ist nicht
der mindeste Grund vorhanden; und bedurfte es, um das
Eitle solch einer Erwartung zu erweisen, nicht erst der zu
diesem Behufe unternommenen weitläufigen Zusammenstellungen
Höfer's. Etwas Aehnliches ist aber Dittenberger, gegen
dessen Methode man diese Instanzen ins Feld führt, niemals
in den Sinn gekommen. Sein Ausgangspunkt war ein völlig
andersartiger. Es war die Wahrnehmung, dass das
Wörtchen μήν der ältesten attischen Prosa ganz und
gar fremd ist und nur allmälig reichere Verwendung
findet. Da war denn der Gedanke, Plato's Schriften darauf
anzusehen, ob die seinem Zeitalter gemeinsame Neuerung
nicht auch in ihrem Bereiche Phasen des Wachsthums offen-
bare, nicht mehr ein verkehrter, wohl aber verhiess er von
vornherein (so lange die Häufigkeit des Gebrauches allein
in Betracht kam) nichts weniger als durchweg befriedigende
Ergebnisse. Denn den allgemeinen Ursachen — einer
stilistischen Neigung des Zeitalters oder auch der wachsenden
Vorliebe des individuellen Autors — standen allzu viele sie
einschränkende oder verdeckende Sonderursachen: Inhalt,
Form, Ton der einzelnen Dialoge, auch Laune und Stimmung
des Schriftstellers, gegenüber, als dass man die ersteren zu

reinem und sicherem Zahlenausdruck gelangen zu sehen mit
Zuversicht erwarten konnte. Um Vieles günstiger gestaltete
sich jedoch das Unternehmen auf Grund der weiteren
Wahrnehmung, dass gewisse Gebrauchsweisen jener
Partikel einem sehr beträchtlichen Theil der platonischen Gespräche durchaus abgehen. Hier konnte mit
weit besserem Recht der Versuch gewagt werden, aus dem
mehr oder weniger häufigen Auftreten dieser im Verlaufe der
Schriftstellerei unseres Autors selbst neu gewonnenen Ausdrucks-
mittel chronologische Schlüsse zu ziehen. Denn die Vermuthung
spricht ja in der That dafür, dass eine Sprachneuerung sowohl
im Geiste ihres Urhebers allmälig tiefere Wurzeln schlage, als
auch mit Rücksicht auf den derselben ungewohnten Leserkreis
nur stufenweise zu ausgedehnterer Verwendung gelange. Allein
auch diese Präsumtion muss sich nicht jedesmal als durch
die Thatsachen gerechtfertigt erweisen. Ist doch Stetigkeit
im Wachsthum einer Sprachgewohnheit zwar die Regel, aber
keineswegs eine ausnahmslose Regel. Bewusstes, ja planmässiges
Wollen kann selbst dort, wo man es am wenigsten voraus-
setzt, das blindwirkende Walten des Geschmacks und der An-
gewöhnung durchkreuzen. Ranke erzählt irgendwo, er habe
einmal seine übermässige Vorliebe für den Gebrauch einzelner
Partikeln wahrgenommen und diese dann eine Zeit lang streng
und ängstlich gemieden. Aehnliches konnte auch Plato begegnen, bei der Erweiterung seines Sprachschatzes noch leichter
als bei der blossen Anwendung des Altgewohnten und Altver-
trauten. Wie schwer freilich diese und verwandte Möglichkeiten in die Wagschale unseres Urtheils zu fallen haben
und inwieweit sie im Verein mit den anderweitigen, oben erwähnten Fehlerquellen die Triftigkeit auch dieser Schlussweise
beeinträchtigen, lässt sich schwerlich von vornherein und im
Allgemeinen in bestimmter Weise feststellen.

Ungleich bedeutsamer als alle Frequenz-Verschiedenheiten
ist jedoch jene oben berührte fundamentale Thatsache selbst,
durch deren Ermittlung Dittenberger sich ein hervorragendes
Verdienst erworben hat. Ich meine das vollständige Fehlen
dreier Gebrauchsweisen der Partikel μήν in nahezu einem
vollen Drittheil alles dessen, was Plato geschrieben hat.
Hierin ein blosses Spiel des Zufalls zu erblicken, davon

kann gar Vieles abmahnen. Ausser alle dem was Dittenberger
(insbesondere S. 327—334) ausgeführt hat, zunächst auch
der Umstand, dass die aus der Beachtung jenes Unter-
schiedes entspringende Haupt-Gruppen-Scheidung jene
Untergruppen unangetastet lässt, welche Plato selbst als solche
bezeichnet hat: Theätet, Sophistes und Politikos einer-, Republik (sammt Kleitophon), Timäos und Kritias andrerseits;
kaum weniger die Thatsache, dass die rein-sokratischen Dialoge
sich (mit der einen Ausnahme des an der Grenzscheide stehenden Lysis) auf der einen Seite jener sprachlichen Unter-
scheidungslinie befinden, desgleichen die sogenannten dialektischen Gespräche insgesammt auf der anderen. Den Versuch
aber, dieses Argument dadurch zu Falle zu bringen, dass
man einige offenkundigermassen auf blossen Coincidenzen beru-
hende, vermeintliche Parallelerscheinungen nachwies (Frederking, S. 538 und 540), hat meines Erachtens seine Kraft nicht
erschüttert, sondern nicht unwesentlich erhöht. Vermochte doch
selbst die eifrigste Suche nach derartigen Pseudo-Sprachkriterien
nichts den Dittenberger'schen Nachweisen irgend annähernd
quantitativ oder qualitativ Gleichwerthiges zu Tage zu fördern.
   Weit tiefgehender sind andere Einwürfe, welche gegen
die Dittenberger'schen Resultate theils erhoben worden sind,
theils sich erheben lassen. Sie fussen auf der Kleinheit
mancher hiebei ins Spiel kommender Zahlen, auf der ungleich-
mässigen Vertheilung der massgebenden sprachlichen Thatsachen und auf der Abhängigkeit jener stilistischen Besonder-
heiten von zum Theil klar erkennbaren Specialursachen. Diese
Einwürfe sind bis zu einem gewissen Punkte wirklich triftig,
aber sie berühren, wie ich meine, nicht das von jenem Forscher
erzielte Hauptergebniss.
   Die Zustimmungsformel τί μήν: („wie sonst? wie anders?‘),
die mit gutem Grunde in diesen sprachstatistischen Untersuchungen die hervorragendste Rolle spielt (s. Dittenberger,
S. 334), fehlt im ersten Buch der Republik gänzlich; die
Formeln γε μήν und ἀλλά—μήν begegnen darin nur je einmal
(332ᶜ und 348ᶜ). So ruht denn die Zuweisung dieses Buches
an die zweite Sprachperiode Plato's nur auf zwei Sätzchen.
Hätte er diese nicht geschrieben — und wer möchte wohl
behaupten, dass er sie schreiben musste? — so stünde dieses

Buch, wie Frederking (S. 536) richtig bemerkt hat, so weit jene Kriterien in Betracht kommen, auf dem Sprachniveau der ersten Periode und würde, falls es eine selbständige Schrift wäre, mit demselben Rechte wie etwa der gleich umfangreiche Laches dieser zugewiesen. Dies kann als eine ernste Mahnung zur Vorsicht gelten — eine Mahnung freilich, welcher derjenige nicht bedarf, der mit der erforderlichen logischen Schulung an derartige Untersuchungen herantritt. Denn ein solcher weiss, dass sprachstatistische gleich allen anderen statistischen, d. h. rein empirischen Ermittlungen nicht Gesetze oder Causalverbindungen irgendwelcher Art beweisen können, sondern nur Präsumtionen einerseits und Verificationen andererseits schaffen helfen, und dass somit die aus ihnen hervorgehenden Ergebnisse niemals einen absoluten Werth zu beanspruchen berechtigt sind.[1] Er weiss ferner, wie trüglich negative Kriterien jeder Art sind, und endlich, dass grosse Zahlen allein im Stande sind, auch nur jenen Grad von Gewissheit zu erzeugen, welchen aus statistischen Beobachtungen fliessende Folgerungen überhaupt zu gewähren vermögen.

Noch dringendere Mahnungen zur Behutsamkeit ertheilt uns das Symposion. Denn hier erfahren wir nicht nur, wie nahe die Gefahr liegt auf dem in Rede stehenden Wege in die Irre zu gehen, sondern wir ersehen daraus auch, dass derselbe in der That bereits in die Irre geführt hat. Die Verbindung ἀλλὰ—μήν begegnet in diesem Gespräch zweimal, und dieses zweimalige Vorkommen ist nebst dem einmaligen Auftauchen von γε μήν der alleinige Grund, weshalb dasselbe Plato's zweiter Sprachperiode zugetheilt wird. Nun stehen aber diese beiden Stellen (202^{d-e} und 206^e) ganz nahe bei einander, inmitten eines völlig eigenartigen Stückes dieser Schrift, nämlich in dem ungemein lebhaften Wechselgespräch zwischen Sokrates und Diotima, d. h. in der einzigen eigentlich dialogischen Partie des Werkes, welche Hug (S. LIII) sehr treffend einen platonischen Dialog innerhalb des Dialogs genannt hat. Man

---

[1] Denn wie sollte das empirische Gesetz successiver Erscheinungsreihen, welche von vielen, an Zahl und Stärke wechselnden, Ursachen abhängen, etwas Anderes zum Ausdruck bringen als Tendenzen, von denen nur der Unverstand die Unverbrüchlichkeit ausnahmsloser Causalverbindungen erwarten oder heischen könnte?

sieht, Plato konnte längst im Besitze dieses Ausdrucksmittels
sein, er konnte das ganze ‚Gastmahl‘, genau so wie es vor uns
liegt, geschrieben haben, es brauchte nur dieser Dialog im
Dialoge zu fehlen — und die Merkzeichen der zweiten Sprachperiode waren, bis auf das eine γε μήν (197ᵃ), geschwunden;
das Symposion wäre dann (soweit dieses Kriterium in Betracht
kommt) dem an Umfang gleichen Protagoras zeitlich gleich-
gestellt worden. Freilich hätten sich in solchem Falle die be-
treffenden Forscher, sobald sie über ein non liquet hinausgingen,
eines logischen Fehlers schuldig gemacht; denn sie durften in
einem wesentlich nicht-dialogischen Werke nicht Wendungen
erwarten, die nur oder fast nur dem belebten Wechselgespräch
eigen sind. Eben denselben Fehler haben aber Dittenberger
und Schanz gerade in Betreff des Symposion wirklich begangen,
indem sie aus dem Fehlen der dialogischen Formel τί μήν;
die Priorität dieses Werkes vor dem Phädros (mit Unrecht,
wie schon Frederking sah, S. 535, A. 1) erschliessen zu dürfen
glaubten.

Auch die nachfolgenden Erwägungen mögen nicht jeder
Beachtung unwerth scheinen. Die Formel τί μήν; dient zur Variirung des Ausdrucks der Zustimmung. Das Bedürfniss solcher
Variirung tritt dort am stärksten auf, wo lange Reihen bei-
pflichtender Aeusserungen einander folgen. Dies findet in den
lehrhaften Dialogen in weit höherem Masse statt als in jenen,
welche das Alterthum agonistische genannt hat, also im
Philebos, Sophistes, Politikos ungleich mehr als z. B. im Protagoras. Auch fehlen in jenen die der sprachlichen Mannigfaltigkeit an sich förderlichen qualitativen Verschiedenheiten der Zu-
stimmungsäusserung, wie sie durch ein ἐπένευσε, μόγις ἐπένευσε,
ἔστω σοι τοῦτο u. s. w. im Protagoras und Gorgias zur Anwendung
gelangen. Ferner besitzt diese Formel eine Lebhaftigkeit, welche
den dramatischen Gesprächen oder Gesprächspartien um
Vieles besser ansteht als den nacherzählten. Beweis dessen
der Umstand, dass in der Republik 32 Fällen des blossen τί
μήν; nur je einer von τί μήν; ἔφη (410ᵃ) und τί μήν; ἦ δ᾽ ὅς (583ᵃ)
gegenüberstehen. Auch ist die in Frage stehende Formel ein
Ausdruck nicht nur lebhafter, sondern auch williger, freudiger,
rückhaltloser Zustimmung, wie er in den Schülergesprächen
der spätesten Epoche, aber auch in solchen wohl am Platze

ist, in welchen — sie mögen nun welcher Zeit immer ange-
hören — der Mitunterreder die unselbständige Fügsamkeit
eines Phädros besitzt. Man könnte sich versucht fühlen, in
diesen mehr als in chronologischen Unterschieden die Ursache
des Gebrauchs und Nichtgebrauchs jener Formel zu finden.
Damit habe ich den Köcher meiner skeptischen Einwendungen geleert. Dieselben sind von sehr verschiedenem
Gewicht; allein sie treffen, wie ich meine, im besten Falle nur
die Aussenwerke der Dittenberger'schen Beweisführung, nicht
ihren Mittelpunkt und Kern. Zumal die zuletzt angeregten Ge-
sichtspunkte sind ergiebig genug, wo es gilt, einzelne Fehlan-
wendungen (insonderheit in Betreff der aus der Partikel-Fre-
quenz zu ziehenden Schlüsse) hintanzuhalten und uns davor zu
bewahren, die Instanzen blos zu zählen anstatt sie auch zu wägen.
Aber das grosse Gesammtergebniss, die Scheidung zweier
Hauptgruppen wird von ihnen nicht berührt. Den zehn
Fällen von τί μήν; welche die letzten 25 (Hermann'schen) Seiten
des Phädros enthalten, steht z. B. das vollständige Fehlen dieser
Verbindung in dem durch die gleich fügsame Willfährigkeit des
Haupt-Mitunterredners ausgezeichneten, 29 Seiten zählenden
Charmides gegenüber. Die Form der Nacherzählung wird in
diesem Dialog gleichwie im Phädon, Euthydem u. s. w. häufig
genug durchbrochen, um dem von uns erhobenen Einwurf
einen grossen Theil seiner Kraft zu rauben. Und warum bietet
der zugleich rein-dramatische und durchaus lehrhafte Menon
mit seinen langen Reihen von σφόδρα γε, πάνυ γε, ἔστι ταῦτα,
ἔγωγε, πάνυ μὲν οὖν, μάλιστά γε, ναί, ἀνάγκη u. s. w. kein einziges
Beispiel jener Formel? Weshalb der Phädon in seinen grossen
dramatisch-dialogischen Bestandtheilen? Ja, selbst im Gorgias
fehlt es nicht an umfangreichen Abschnitten, wo die gehäuften
ναί, ἀνάγκη, πῶς γὰρ οὐ; u. s. w. solch eine Abwechslung als
sehr erwünscht erscheinen liessen. Welcher neckische Zufall
soll es endlich gefügt haben, dass der langen Reihe dieser
Schriften auch jene zwei anderen μήν-Verbindungen durchaus abgehen, von welchen jeder Bestandtheil der zweiten Reihe,
wenngleich oft nur vereinzelte Beispiele aufweist?
    So mag denn das Urtheil immerhin in Ansehung eines
oder des anderen Gruppenglieds schwanken, die Gruppen-
scheidung selbst dürfte aus allen Anfechtungen unversehrt

hervorgehen. Denn die Bedenken, welche die kleinen
Zahlen wachrufen, widerlegen die grossen. Ja, die ana-
lytische Detailbetrachtung, welche wir durch die obigen Erörterungen den Plato-Forschern empfehlen wollten, bietet Mittel
dar, nicht nur um Zweifel zu erregen, sondern auch um schon
geweckte Zweifel zu zerstreuen. So hilft z. B. der agonistische Charakter eines grossen Theiles des ersten Buchs der
Republik (dort, wo Thrasymachos der Haupt-Mitunterredner ist)
das vollständige Fehlen von τί μήν; erklären. Die Hauptsache
aber ist und bleibt die grosse Zahl und Mannigfaltigkeit der
auf beiden Seiten der Sprachgrenze befindlichen Schriften. Ich
gehe nicht so weit zu sagen, dass der Zufall hiedurch vollständig und unbedingt eliminirt ist. Aber in sofern kann er
sicherlich als ausgeschieden gelten, dass die Annahme zeit-
licher Trennung der beiden sprachlich geschiedenen Gruppen
den Werth einer in hohem Masse beachtenswerthen Präsumtion für sich in Anspruch nehmen darf. Daraus erwächst uns
die dringende Aufforderung, die Consequenzen jener Annahme
zu ziehen und sie mit anderen gewichtigen Kriterien zusammen-
zuhalten. Dass jene Präsumtion die hieraus entstehende Probe,
wie wir schon gesehen haben und noch des Weiteren sehen
werden, im Wesentlichen siegreich besteht, — dieser Umstand
lässt sie in der Scala der Wahrscheinlichkeiten zu einem so
hohen Punkte emporsteigen, als dies bei derartigen Forschungen
nur irgend zu erwarten ist.

Oder die Untersuchung mag auch — man verzeihe die
Breite dieser methodologischen Erörterung — einen theilweise
umgekehrten Weg einschlagen. Dass die rein-sokratischen
Dialoge einander zeitlich benachbart sind, dass dasselbe von
den dialektischen Gesprächen gilt, dass die ersteren den
letzteren vorangehen: von diesen und ähnlichen an sich wahr-
scheinlichen Voraussetzungen mag die Forschung ihren Aus-
gang nehmen, während den sprachstatistischen Ermittlungen
die Aufgabe zufällt, welcher die Methodenlehre den Namen
der Verification ertheilt hat. Diesem schlagenden Con-
sensus von einander unabhängiger Forschungsweisen wird
endlich durch zwei weitere Reihen von Thatsachen eine neue
Beglaubigung zutheil. Einmal dadurch, dass die also erwachsene
Gruppenbildung mit den von Plato selbst aufgestellten Unter-

gruppen (wie schon einmal bemerkt) nirgendwo in Widerstreit
geräth, zweitens durch die Gewinnung einer Anzahl anderer, von
den Gebrauchsweisen der Partikel μήν völlig unabhängiger, aber
mit diesen im Grossen und Ganzen in erstaunlicher Weise parallel-
gehender Sprachkriterien, welche in erster Reihe von Dittenberger
selbst, in zweiter von Schanz ermittelt worden sind. Zumal der
von Ersterem als II^b bezeichnete Haupttheil der zweiten Gruppe
(wozu nur von allem Anfang an auch Timäos und Kritias zu
zählen waren) ist es, der hiedurch einen, meines Erachtens, jedem
Angriff trotzenden Bestand gewonnen hat. Auf die verhält-
nissmässig geringfügigen Differenzen zwischen den Ergebnissen dieser zwei Gelehrten hier einzugehen, ist nicht meine
Absicht. Doch kann ich nicht umhin, mein Bedauern darüber
auszusprechen, dass Schanz sich an mehreren Stellen seiner so
schätzenswerthen Abhandlung in einer Weise ausgedrückt hat,
welche einen Mangel an methodischer Strenge bekundet und
sicherlich zu principiellen Anfechtungen dieser ganzen Unter-
suchungsweise neuen und willkommenen Anlass bieten wird.
Ich meine Folgendes. Dass ein Schriftsteller nicht alle oder viele
seiner Stileigenthümlichkeiten an einem Tage oder mit einem
Schlage wechseln wird, ist selbstverständlich, und nur die Thorheit könnte etwas Anderes erwarten. Nichts natürlicher daher,
als dass die verschiedenen, den Uebergang von einer Epoche zur
anderen bezeichnenden Sprachwandlungen Plato's nicht durchaus strenge Gleichzeitigkeit offenbaren. Es kann, ja es muss
geschehen, dass dasselbe Werk an dem Massstab des einen
Sprachkriteriums gemessen noch in die Periode A und nach
dem Ausweis eines anderen bereits in die Periode B zu fallen
scheint. Solch eine Schrift, die in sprachlicher Rücksicht gleichsam mit einem Fusse in der vorangehenden und mit dem anderen in der nachfolgenden Phase steht, muss selbstverständlich
auch ihrer Abfassungszeit nach (falls nicht eine Ueberarbeitung
angenommen werden soll) der Grenzscheide zweier Epochen an-
gehören. Gelingt es, diese ihre Stellung als möglich zu erweisen, so geschieht der Geltung jener Sprachkriterien, die
in diesem einzelnen Falle mit einander in Conflict gerathen,
keinerlei Abbruch. Tritt an die Stelle blosser Möglichkeit ein
geringerer oder höherer Grad der Wahrscheinlichkeit, so
erfährt die Autorität der bezüglichen Kriterien sogar eine dem

entsprechende Steigerung; und jene Grenzwerke erlangen dadurch, dass sie gewissermassen zu Knoten des Zeitfadens werden, eine hohe methodische Bedeutung. Schlagen aber alle derartigen Versuche fehl, so muss zwischen den einander widerstreitenden Prüfmitteln eine Wahl getroffen und das eine der beiden nicht nur für den einzelnen Fall, sondern überhaupt verworfen werden. Es scheint undenkbar, dass Schanz sich dieser Einsicht sollte verschliessen wollen. Allein er gibt ihr jedenfalls keinen Ausdruck; ja, manche seiner Aeusserungen klingen so, als ob er die besondere Artung dieses Problems sich noch nicht zu deutlichem Bewusstsein gebracht hätte und es für statthaft hielte, zwei Sprachkriterien, deren Ergebnisse sich an mehreren Punkten widersprechen, ohne weiteres neben einander zu gebrauchen und sich je nach Bedarf bald des einen bald des anderen zu bedienen (vgl. S. 448 bis 449 und 452).

Doch es dürfte angemessen und an der Zeit sein, die beiden Hauptreihen, wie sie sich nach den von mir ergänzten Untersuchungen Dittenberger's auf Grund der drei massgebenden μήν-Verbindungen darstellen, dem Leser vorzulegen. Und zwar wähle ich hiefür die alphabetische Anordnung.

	τί μήν;	γε μήν	ἀλλὰ— μήν	Gesammt-zahl der Beispiele von μήν	Umfang nach Seiten der Hermann'schen Ausgabe
I *Ἀπολογία ...	—	—	—	1	33
Γοργίας	—	—	—	24	116
Εὐθύδημος ...	—	—	—	12	45
Εὐθύφρων	—	—	—	2	23
Ἱππίας ἐλάττων .	—	—	—	5	20
Κρατύλος	—	—	—	18	79
Κρίτων	—	—	—	—	17
Λάχης	—	—	—	7	32
*Μενέξενος ...	—	—	—	1	19
Μένων	—	—	—	10	46
Πρωταγόρας ..	—	—	—	5	63
Φαίδων	—	—	—	20	79
Χαρμίδης	—	—	—	7	29
				112	601
II Θεαίτητος ...	13	1	1	38	101
*Κλειτοφῶν ...	—	—	1	2	6
*Κριτίας	—	1	—	2	19
Λύσις[1]	1	—	4	12	24
Νόμοι	48	24	2	166	417
Παρμενίδης ...	6	5	2	81	50
Πολιτεία	34	2	11	158	318
Πολιτικός	20	8	3	75	83
Σοφιστής	12	5	2	72	82
Συμπόσιον ...	—	1	2	15	62
*Τίμαιος	—	6	—	9	88
Φαῖδρος	11	1	1	24	68
Φίληβος	26	7	2	78	87
	171	61	31	732	1405

Gesammtzahl 263

[1] Auf das eine — von Dittenberger übersehene — τί μήν; im Lysis (219 ᵉ) hat mich Otto Apelt in Weimar freundlichst aufmerksam gemacht.

Mit einem Sternchen habe ich diejenigen Schriften bezeichnet, welche Dittenberger von der Untersuchung auszuschliessen, ich in diese mit einzubeziehen als angemessen erachtet habe. Von ‚Apologie, Timäus und Kritias‘ hat nämlich jener Forscher darum ‚abgesehen, weil in ihnen das dialogische Element so zurücktritt, dass das Vorkommen der in Rede stehenden Partikelverbindungen, welche theils ausschliesslich, theils vorwiegend in der Wechselrede ihre Stelle haben, der Natur der Sache nach ein ganz sporadisches sein muss und nach keiner Seite zu sicheren Schlüssen berechtigt‘. (S. 326—327, Anm. 2). Dieses Verfahren mochte sich bei der Abfassung jenes grundlegenden Aufsatzes bis zu einem gewissen Masse empfehlen, wenn sich gleich der Doppeleinwand nicht völlig abweisen lässt, dass die eine der drei Verbindungen — γε μήν — mit dem dialogischen Elemente wenig zu thun hat, und dass die individualisirende Behandlung, sobald sie einmal überhaupt beliebt ward, auch auf andere Stücke, in welchen die zusammenhängende Darlegung über die Wechselrede überwiegt (vor Allem auf das Symposion), hätte ausgedehnt werden können. Doch wie dem auch sei; jetzt, wo es die erzielten Ergebnisse zu überprüfen, gegen Einwendungen zu sichern und ins Feinere auszuarbeiten gilt, scheint jene Ausschliessung jedenfalls nicht mehr am Platze zu sein. Wenn die Apologie, deren Abfassungszeit unmöglich um viele Jahre von der Hinrichtung des Sokrates entfernt sein kann, auch nur ein Beispiel jener drei Verbindungen aufwiese, so stünde es schlimm um die These, dass Plato zur Zeit, da er die Schriftengruppe I verfasste, deren Glieder entweder insgesammt oder doch sicherlich zum allergrössten Theil der Apologie nachfolgten, die fraglichen Verbindungen seinem Sprachschatz noch nicht einverleibt hatte. In Wahrheit begegnet uns in der Apologie μήν nur als Betheuerungsformel (ἦ μήν), und zwar blos einmal (22ᵃ) — nebenbei ein in quantitativer und qualitativer (s. Dittenberger, S. 329) Rücksicht höchst beachtenswerthes Vorkommniss, welches im Verein mit der vollständigen Abwesenheit der Partikel im nächstverwandten Kriton gar viel zu denken gibt. Wenn andererseits die der Republik nachfolgenden und somit in die zweite Sprachschicht eingebetteten Werke Timäos und Kritias gar kein Beispiel einer jener drei Verbindungen enthielten, so wäre auch dies nicht wohl mit der Annahme zu vereinigen, dass die zweite Sprachphase im Wesentlichen mit einer zweiten Zeitperiode zusammenfällt. Der nicht-dialogische Charakter der beiden Schriften lässt freilich die Anwendung weder von τί μήν; noch von ἀλλὰ—μήν voraussehen; ja die zum grossen Theil nicht einmal argumentative, sondern expositorische und (namentlich im Kritias) beschreibende Darstellung stellt uns von vornherein eine nur geringe Häufigkeit der Partikel überhaupt in Aussicht; allein das sechsmalige Vorkommen von γε μήν (20ᵈ, 41ᵇ, 53ᵇ, 63ᵉ, 72ᵈ, 77ᵈ), gleichwie das einmalige Auftreten von καὶ μήν (19ᵃ) nebst dem zweimaligen δοκεῖ μήν und προθυμητέον μήν (20ᵈ, 87ᵇ) im Timäos, denen im Kritias ein γε μήν (108ᵇ) und ein ταὐτὸν μήν (ebendort) gegenübersteht, ist nach keiner Richtung hin geeignet, unser Befremden zu erregen. Dass die Gesammtfrequenz der Partikel in den beiden engverbundenen Schriften durch fast genau dieselbe Zahl bezeichnet wird, nämlich 9·7 (Timäos) und 9·5 (Kritias), mag im Vorübergehen angemerkt werden. Aehnlich Laches (4·5) und Charmides (4·1). Vgl. S. 764, Anm. 1.

Den Menexenos und Kleitophon endlich habe ich in das Untersuchungsmaterial mit aufgenommen, weil mir ihre Echtheit ausser jedem Zweifel zu stehen scheint, und freue ich mich, nunmehr auch auf Diels' gewichtiges Votum und seine mit der Grote'schen (III, 10—11) durchaus übereinstimmende Auffassung des erstgenannten Gesprächs verweisen zu können (S. 21—22). Im Uebrigen gilt es hier nur zu constatiren, dass diese Schrift, die durch ihren überwiegend rhetorischen, nicht-dialogischen Charakter noch mehr als das Symposion eine Ausnahmsstellung einnimmt, kein Merkmal der zweiten Periode aufweist, sondern mit ihrem einmaligen καὶ μήν (234ᶜ) und — wenn wir ausnahms- und aushilfsweise mit dem vorerst noch so nothwendigen Vorbehalt auch die Schanz'schen Kriterien herbeiziehen dürfen — ihrem sechsmaligen τῷ ὄντι (237ᶜ, 239ᵃ, 244ᵃ, 247ᵈ, 247ᵉ [bis], welchem kein ὄντως gegenüber, wohl aber ein ἀληθῶς [237ᵉ] ohne ein ὡς ἀληθῶς zur Seite steht) bis auf Weiteres der ersten Sprachphase einzureihen ist. Das kleine Kleitophon-Fragment hingegen, welches der Republik so nahe steht, besitzt an ἀλλ' αἰσχρὸν μήν (407ᵃ, neben einem οὐ μήν, 410ᵉ), wenn nicht auch an ὄντως (409ᵉ) in der That Merkzeichen der zweiten Phase.

Wer das Gesammtmaterial, wie unsere Tabelle es zur
Darstellung bringt, überblickt, der dürfte finden, dass, was wir
über die annähernde Eliminirung des Zufalls in Betreff der
Gesammtgruppen (nicht jedes einzelnen ihrer Glieder) bemerkt
haben, die Grenzen der Wahrheit jedenfalls nicht überschreitet,
wahrscheinlich aber hinter denselben nicht unbeträchtlich zurück-
bleibt. Schwerlich lässt sich, angesichts der grossen Zahl und
Mannigfaltigkeit der in jeder der zwei Gruppen enthaltenen
Schriften, für das vollständige Fehlen jener drei μήν-Verbindungen in I und dem fast durchgängig vereinigten Auftreten
derselben in II ein anderer Grund ersichtlich machen als Nicht-
vertrautheit mit ihnen im ersten, Vertrautheit mit ihnen im
zweiten Falle. Aber auch die Frequenz-Steigerung der
Partikel μήν überhaupt in II (mit I verglichen) ist allzu an-
sehnlich und allzu gleichmässig wahrnehmbar, um sich dem Ein-
fluss von Sonderursachen allein füglich zuschreiben zu lassen.
Fassen wir die Total-Ziffern ins Auge, so steht dem Gesammt-
Frequenz-Quotienten 5·3 in I die Zahl 1·9 in II gegenüber
(d. h. in der Gruppe I als Ganzes genommen entfällt ein μήν
auf 5·3 Hermann'sche Seiten, in II schon auf 1·9). Und dieses
Verhältniss wird nicht wesentlich verändert, wenn wir die
exceptionellen, d. h. vom jeweiligen Mittel sich weit ent-
fernenden Stücke (Kriton, Apologie, Euthyphron, Protagoras,
Menexenos in I, Timäos, Kritias und Symposion in II) aus
der Rechnung ausschliessen. Dann werden die Zahlen 5·3
und 1·9 durch 4·3 und 1·7 ersetzt. Ferner: das Frequenz-
Maximum der zweiten Reihe beträgt mehr als das Sechs-
fache des Frequenz-Maximums der ersten Reihe (nämlich
0·6 Parmenides [1] gegenüber von 3·7 Euthydemos). Ja dieses
letztere erreicht — sobald wir nur jene drei, vom Mittelmass.
und zwar aus klar erkennbaren Gründen, am meisten ab-
weichenden Stücke der zweiten Reihe ausschliessen — nicht
einmal die Höhe des Frequenz-Minimums derselben. Wird doch
dieses Minimum durch 3·0 (Kleitophon) und dem zunächst durch

---

[1] Oder es sei auch, da die — meines Erachtens freilich völlig grund-
losen — Anfechtungen der Echtheit dieses Dialogs noch immer nicht
verstummt sind, statt seiner der Sophistes und Politikos oder der diesen
genau gleichstehende Philebos mit 1·1 namhaft gemacht. Man sieht, dass
selbst dann das Multiplum noch immer ein ansehnliches bleibt.

2·8 (Phädros), jenes Maximum aber, wie wir soeben sahen, durch den Quotienten 3·7 bezeichnet. Endlich: die Frequenz-Zunahme in II erweist sich selbst dann als eine erhebliche, wenn wir den Zuwachs ganz und gar ausser Acht lassen, welcher aus der Anwendung der drei neuen Partikelverbindungen entsprungen ist. Denn dann bleiben 469 Fälle auf 1405 Seiten übrig und der Gesammt-Frequenz-Quotient wird durch die Zahl 2·9 bezeichnet. Schliesslich und letztlich ist es vielleicht auch nicht nutzlos, daran zu erinnern, dass der Frequenz-Quotient in den acht Normalschriften der ersten Gruppe zwischen 3·7 und 4·8 (Gorgias), in den zehn Normalschriften der zweiten Gruppe zwischen 0·6 (Parmenides und dem zunächst 1·1 Sophistes, Politikos, Philebos) und 3, beziehungsweise 2·8 schwankt. Hiebei scheint die Enge der jeweiligen Oscillationsgrenzen vielleicht mehr als alles Andere auf das Vorwalten allgemeiner Ursachen hinzuweisen, welche in diesem Falle kaum etwas Anderes sein können als die Sprachgewohnheiten verschiedener Epochen des schriftstellerischen Schaffens.

Somit darf es uns als in hohem Masse wahrscheinlich gelten, dass die zwei von Dittenberger nachgewiesenen Sprachphasen Plato's im Grossen und Ganzen in der That zwei Zeitphasen entsprechen. Die Erhebung hochgradiger Wahrscheinlichkeit zur Gewissheit kann sich aber freilich nur aus der weiteren Erörterung und Feststellung der sachlichen Entscheidungsgründe ergeben. Hier will ich vorläufig lediglich meine Ueberzeugung dahin aussprechen, dass die erforderliche Uebereinstimmung in Wahrheit vorhanden ist — bis auf eine gewichtige Ausnahme. Dem Phädros weisen die Sachkriterien eine andere Stellung an als die Sprachkriterien. Haben uns doch die ersteren bereits die volle Gewissheit gegeben, dass der Phädon diesem Dialoge nicht vorangeht, sondern nachfolgt. Desgleichen erscheint es aus mehr als einem Grunde gewiss, dass dasselbe mit dem Euthydemos der Fall ist. Denn an Spengel's (S. 36 ff.) diesbezüglichen Ermittlungen (an welche ich Dittenberger schon 1883 brieflich erinnert habe) zu rütteln scheint unmöglich, um so mehr, als die von Ueberweg (S. 278) hervorgehobene, in diesem Dialog erfolgende technische Anwendung des Wortes Dialektik, welches im Phädros noch der Er-

klärung bedürftig schien, unterstützend hinzutritt. Das letztere
Argument gilt auch für den Kratylos, während die Grote'sche,
bisher unwiderlegte, neuerlich auch von Diels vorgebrachte und
mir als zweifellos richtig geltende Ansicht von den Beweggründen,
welche die Abfassung des Menexenos veranlasst haben, mit
der Priorität auch dieses Gespräches vor dem Phädros unver-
einbar ist. Das Symposion will ich lieber nicht herbeiziehen,
da ich einerseits es zwar für höchst wahrscheinlich, aber nicht
für streng bewiesen erachte, dass der Phädros ihm voranging,
andererseits die von Dittenberger für das umgekehrte Verhältniss geltend gemachten sprachstatistischen Gründe sich nicht
als zutreffend erwiesen, Schanzens in gleicher Richtung verwer-
thete Kriterien aber uns, wie bemerkt, noch nicht als vorbehaltlos
annehmbar erscheinen.[1] Es genügt, dass man jenen Widerstreit
zwischen Sach- und Sprachkriterien auch nur in Betreff der
Stellung des Phädros zu den vier vorgenannten Schriften oder
(falls man auch vom Menexenos lieber absieht) doch zu drei
derselben als thatsächlich vorhanden anerkenne, um sich vor die
entscheidungsschwere Frage gestellt zu sehen: sollen die Sprachkriterien gar nichts gelten? Genauer gesprochen: darf man es
für glaubhaft halten, dass Plato sich im Besitz jener drei vielbe-
sprochenen Partikel-Verbindungen, zumal von τί μήν; befand, als
er den Phädros schrieb, und dass er trotzdem von ihnen — die in
einer langen Reihe von zum grössten Theil nachweislich späten
Schriften eine so grosse Rolle spielen, — bei der Abfassung des
Euthydem, des Kratylos und des Phädon, die zu ihrer Anwendung reiche Gelegenheit boten, keinerlei Gebrauch gemacht
hat? Oder vielmehr, um die Fragestellung noch schärfer und
bestimmter zuzuspitzen, was darf uns als das minder Unwahr-
scheinliche gelten: dass Plato dies gethan hat oder dass uns
— der einzige Ausweg, der sich sonst aus diesem Wirrsal auf-
thut — der Phädros in zweiter Bearbeitung vorliegt?
Ich entscheide mich unbedenklich für die letztere Alternative,
obgleich ich vielfachen und lebhaften Widerspruches gewärtig

---

[1] Diese Suspension des Urtheils dürfte um so angemessener sein, als
Schanz im Schlusssatz seiner Abhandlung auf ‚weiteres Material‘,
welches ihm ‚zur Verfügung steht‘, hingewiesen und dessen Verarbeitung
in, hoffentlich nahe, Aussicht gestellt hat.

bin. Doch mag man immerhin über das Wagniss dieser Muth-
massung zetern. Mit Fug darf dies nur derjenige thun, dem
es gelungen ist, der Gesammtheit der in Frage kommenden
Thatsachen in allseitig befriedigenderer Weise gerecht zu werden, nicht Jene, die sich der Nothwendigkeit einer vereinzelten
kühneren Vermuthung blos dadurch zu entziehen vermögen,
dass sie einen ansehnlichen Theil der Elemente des zu lösenden
Problems willkürlich ignoriren — sei es, dass sie vor unbe-
quemen Facten und Folgerungen einfach das Auge verschliessen,
sei es, dass sie dieselben mit polterndem Kraftworten hinweg-
zuschelten bemüht sind. Der Sieg wird auf diesem gleichwie
auf jedem anderen Forschungsgebiete schliesslich der Ansicht
verbleiben, welche mit einem Maximum von vollbewiesenen
Sätzen ein Minimum an sich kaum erweisbarer, aber zur Ver-
vollständigung des Causal-Netzes nicht zu entbehrender Annahmen verbindet.

Literatur.

Bonitz (Hermann), Platonische Studien, 3. Auflage. Berlin, 1886.

Diels (Hermann), Ueber das dritte Buch der aristotelischen Rhetorik.
Aus den Abhandlungen der k. preuss. Akademie der Wissenschaften.
Berlin, 1886.

Dittenberger (Wilhelm), Sprachliche Kriterien für die Chronologie der
platonischen Dialoge. Hermes XVI, 321 ff. Berlin, 1881.

Frederking (Arthur), Sprachliche Kriterien für die Chronologie der platonischen Dialoge. Fleckeisen's Jahrbücher. Leipzig, 1882, 534 ff.

Grote (George), Plato and the other companions of Socrates. London, 1865.

Hermann (Karl Friedrich), Geschichte und System der platonischen Philosophie. Erster (einziger) Band. Leipzig, 1839.

— De Platonis Menone, Marburger Universitäts-Programm 1837; wieder
abgedruckt im 6. Supplementband der Jahn'schen Jahrbücher für
Philologie und Pädagogik. Leipzig, 1840, S. 51 ff.

Höfer (Hermann), De particulis Platonicis. Bonn, 1882.

Hug (Arnold), Platon's Symposion. Leipzig, 1876.

Krohn (August), Der platonische Staat. Halle, 1876.

Schanz (Martin), Zur Entwicklung des platonischen Stils. Hermes XXI,
439 ff. Berlin, 1886.

Schleiermacher (Friedrich), Platon's Werke. 3. Auflage. Berlin, 1855
bis 1861.

Schultess (Fritz), Platonische Forschungen. Bonn, 1875.

Siebeck (Hermann), Zur Chronologie der platonischen Dialoge. Fleckeisen's Jahrbücher. Leipzig, 1885, 226 ff.

Spengel (Leonhard), Isokrates und Platon. Aus den Abhandlungen der k. bayer. Akademie der Wissenschaften. München, 1855.

Tannery (Paul), L'Éducation platonicienne, Revue philosophique. Paris, 1881 (August-Heft).

Ueberweg (Friedrich), Untersuchungen über die Echtheit und Zeitfolge platonischer Schriften. Wien, 1861.

Zeller (Eduard), Ueber die Unterscheidung einer doppelten Gestalt der Ideenlehre in den platonischen Schriften. Sitzungsberichte der k. preuss. Akademie der Wissenschaften. Berlin, 1887, 197 ff.

Ausgegeben am 31. October 1887.

SITZUNGSBERICHTE

DER

KAIS. AKADEMIE DER WISSENSCHAFTEN IN WIEN

PHILOSOPHISCH-HISTORISCHE CLASSE.

BAND CXLI.

VII.

PLATONISCHE AUFSÄTZE.

II.

DIE ANGEBLICHE PLATONISCHE SCHULBIBLIOTHEK UND DIE TESTAMENTE DER PHILOSOPHEN.

VON

THEODOR GOMPERZ,

WIRKL. MITGLIEDE DER KAIS. AKADEMIE DER WISSENSCHAFTEN.

.

WIEN, 1899.

IN COMMISSION BEI CARL GEROLD'S SOHN

BUCHHÄNDLER DER KAIS. AKADEMIE DER WISSENSCHAFTEN.

SITZUNGSBERICHTE

DER

KAIS. AKADEMIE DER WISSENSCHAFTEN IN WIEN

PHILOSOPHISCH-HISTORISCHE CLASSE.

BAND CXLI.

VII.

PLATONISCHE AUFSÄTZE.

II.

DIE ANGEBLICHE PLATONISCHE SCHULBIBLIOTHEK UND DIE TESTAMENTE DER PHILOSOPHEN.

VON

THEODOR GOMPERZ,

WIRKL. MITGLIEDE DER KAIS. AKADEMIE DER WISSENSCHAFTEN.

WIEN, 1899.

IN COMMISSION BEI CARL GEROLD'S SOHN

BUCHHÄNDLER DER KAIS. AKADEMIE DER WISSENSCHAFTEN.

Druck von Adolf Holzhausen,
k. und k. Hof- und Universitäts-Buchdrucker in Wien.

Der gegenwärtige Aufsatz bedeutet die Abtragung einer alten Schuld. Als der Verfasser im Sommer 1867 sich als Privatdocent habilitierte, wählte er zum Gegenstand seines Probevortrags eben das Thema, welches hier behandelt wird, die Frage nach dem Bestande einer platonischen Schulbibliothek. Da ich die damals erzielten Ergebnisse jüngst anderwärts kurz zu verzeichnen genöthigt war (Griechische Denker II 221 f.), so ziemt es sich, die Gründe, die mein Urtheil bestimmt haben, gleichzeitig den nachprüfenden Mitforschern vorzulegen.

Den Anlass zu jener Erörterung gab das 1865 veröffentlichte Werk George Grote's ‚Plato und die anderen Gefährten des Sokrates', beziehentlich das ‚Der platonische Kanon' betitelte Capitel, welches von dem Vorhandensein solch einer Bibliothek als von einer feststehenden Thatsache handelt (I 132 ff., insbesondere 135, 144 f., 147, 152, 154). Grote hat bekanntlich an der Echtheit sämmtlicher uns aus dem Alter- thum als platonisch überlieferten Schriften festgehalten. Er glaubte der immer grössere Verhältnisse annehmenden Skepsis einen unangreifbaren Wall entgegensetzen zu sollen. Dass diese skeptische Bewegung ins Ungemessene wachsen würde, hat er mit Recht erwartet. Ist doch in dem Jahre, das der Veröffentlichung seines Werkes folgte, das Buch erschienen,

welches ihren Höhepunkt bezeichnet: Schaarschmidt's ‚Die
Sammlung der platonischen Schriften, zur Scheidung der echten
von den unechten untersucht', worin nur mehr ein Vierttheil von
Platon's Schriften als unzweifelhaft echt anerkannt wurde. Diesen
und verwandten Abenteuerlichkeiten stand auch ich so fern wie
Grote. Auch mir wäre es in hohem Mass erwünscht gewesen,
dem Umsichgreifen der hyperkritischen Seuche endgiltig ein
Ziel setzen zu können. Ich unterzog darum die Grote'sche
Aufstellung sofort einer sorgsamen Prüfung und wurde, trotz
des lebhaften Wunsches, sie als haltbar zu erkennen, von ihrer
Unhaltbarkeit überzeugt. Nicht nur dass Grote es an jedem
Versuch einer positiven Beweisführung fehlen liess. Die innere
Wahrscheinlichkeit, dass die platonische Lehranstalt Platon's
Werke in authentischen Exemplaren oder vielmehr die Original-
handschriften des Meisters besass, dass die Bibliothekare von
Alexandrien und Pergamon zur Zeit der Gründung dieser
grossen Büchersammlungen sich hier über das, was aus Platon's
Feder geflossen war, den zuverlässigsten Bescheid holen konnten,
und dass die Ausgabe, welche der alexandrinische Bibliothekar
Aristophanes von Byzanz um 200 v. Chr. G. veranstaltete,
auf eben dieser unantastbaren Grundlage ruhte — die innere
Wahrscheinlichkeit, sagen wir, all dieser Annahmen schien ihm
so gross, dass er sie einer Bestätigung durch überlieferte Thatsachen nicht bedürftig glaubte. Zu diesem Mangel an positiven Indicien gesellten sich dem Nachprüfenden gar bald Gegen-
indicien von unverächtlicher Beweiskraft.

1. Die aristotelische Schule ward nach dem Vorbild der
platonischen errichtet. Hätte es in dieser eine Schulbibliothek
gegeben, wie unwahrscheinlich, dass in jener eine solche gefehlt hätte! Sie hat aber gefehlt. Darüber besitzen wir authen-
tische Kunde. Wir wissen, dass Theophrast seine Werke
und zugleich mit ihnen die Werke seines Vorgängers, des
Schulstifters Aristoteles, nicht einer Schulbibliothek, sondern
seinem Mitschüler und Freunde Neleus, der zu Skepsis in der
Landschaft Troas zuhause war, letztwillig hinterlassen hat.
Das bei Laertius Diogenes erhaltene Testament lässt nicht
dem Schatten eines Zweifels Raum. Strabon's bekannte Er-
zählung (XIII 608 f.) über das Schicksal dieser Büchersammlung
und ihre Ergänzung durch Plutarch (Sulla c. 26) soll uns hier

nicht beschäftigen. Wie viel oder wie wenig von aristotelischen Schriften vor der Wiederauffindung jener Bücherei des Neleus und ihrer schliesslichen Bearbeitung durch den Grammatiker Tyrannion in anderen Abschriften vorhanden und im Umlauf war, soll uns hier ebenso wenig kümmern. Mag immerhin Strabon's Bericht an einiger Uebertreibung leiden: dass die Gesammtheit der aristotelischen Werke vor jenem Zeitpunkt kein Gemeinbesitz der griechisch-römischen Gelehrtenwelt war, steht ausser aller Frage, so wenig wir auch Derartiges von vornherein vermuthet hätten, so überraschend es auch wirkt, das Schicksal der Werke eines grundlegenden Denkers und Schulhauptes in so hohem Grade von äusseren Zufällen bedingt zu sehen. Grote hat sich mit der Schwierigkeit, welche dieser Parallelfall seiner Hypothese bereitet, nicht auseinandergesetzt. Allein, dass hier eine Schwierigkeit vorliegt, scheint er empfunden zu haben, und er begegnet ihr mit der beiläufig hingeworfenen Bemerkung: Theophrast ‚glaubte sich berechtigt‘ (‚thinking himself entitled‘ a. a. O. I 138), über die Werke des Aristoteles wie über einen Privatbesitz zu verfügen.

Es ist nach unserer Ansicht nicht der mindeste Zweifel daran gestattet, dass Theophrast sich nur zu dem berechtigt glaubte, wozu er thatsächlich berechtigt war. Dafür gibt es, abgesehen von der gewichtigen Präsumtion, die uns der ehrenwerthe Charakter des Mannes liefert, zwei vollgiltige Beweise. Kaum zwei Besitzthümer stehen einander so nahe wie Bücher und Landkarten. Die letzteren, die in der Schule befindlich waren, belässt Theophrast in derselben und veranlasst ihre Aufbewahrung in einer bestimmten Oertlichkeit, in der ‚unteren Halle‘, in der sie wohl an den Wänden befestigt werden sollten (Laert. Diog. V 51). Diese Unterrichtsmittel gehörten zur Lehranstalt, und Theophrast hat sie ihr nicht entzogen, als er die Anstalt jenen Zehnmännern vermachte, die er beschwört, alle ‚Mitphilosophierenden‘ an der Nutzniessung derselben theilnehmen zu lassen. Von den Büchern handelt er als von einem Bestandtheil seines durch keinerlei moralische Verpflichtungen eingeschränkten Privateigenthums, unmittelbar nachdem er über ein in Stagira befindliches, ihm gehöriges Grundstück verfügt und es gleichfalls einem Privatfreunde Kallinos vermacht hat. Das zweite Argument liefern die gleichartigen, auf Bücherbesitz

bezüglichen Bestimmungen, die wir in anderen Philosophen-
Testamenten vorfinden, und von denen späterhin noch die Rede
sein soll. Zu allem Ueberfluss findet der gewissenhafte, das
Sonderinteresse der Individuen und das Gesammtinteresse der
Schule strenge scheidende Sinn desselben Testators in den nach-
drücklichen Warnungen vor privater Aneignung dessen, was
allen gehören soll, und in der dringenden Aufforderung, unter
keinen Umständen und unter keinerlei Vorwand, wie etwa dem
längerer Abwesenheit von der Bildungsstätte, diese der gemein-
samen Benützung zu entziehen und zu einem Monopol Einzelner
zu machen, den kräftigsten Ausdruck.

2. Laertius Diogenes berichtet uns (III 66) von einer kritischen Ausgabe der Werke Platon's, in der man mit höchster Wahrscheinlichkeit eben die von dem Grammatiker und Bibliothekar
Aristophanes von Byzanz veranstaltete Edition erkannt hat.
Die Beschaffenheit dieser Ausgabe lässt sich nicht mit der Annahme vereinigen, dass es damals zu Athen ein Exemplar der
platonischen Schriften gab, welches im Besitz der Schule selbst
war und daher einen Text von unbedingter Authenticität ent-
hielt. Denn wir erfahren von mannigfachen kritischen Zeichen,
die genau wie bei den homerischen Gedichten und den Werken
anderer Autoren so auch bei diesem Texte in Verwendung
kamen. Die wagrechte Linie (ὀβελός) diente zur Bezeichnung
der Athetese, d. h. der Ausschaltung einer als interpoliert geltenden Stelle; der mit Punkten versehene Doppelstrich (διπλῆ
περιεστιγμένη) wurde verwendet, um conjecturale Aenderungen
ersichtlich zu machen, und der mit Punkten versehene wage-
rechte Strich (ὀβελὸς περιεστιγμένος) sollte vor ‚willkürlichen Athe-
tesen‘ warnen (πρὸς τὰς εἰκαίους ἀθετήσεις).

All das, zumal die zwei zuletzt angeführten Zeichen, deutet
sonnenklar auf einen Text hin, der, wie so viele andere Texte
des Alterthums, auf mannigfachen Handschriften von ungleichem
Werthe beruhte, der die kritische Arbeit der Philologen wieder-
holt und mit wechselndem Ergebnis in Anspruch genommen
hatte. (Die ersten zwei Zeichen kehren in gleichartiger Verwendung mehrfach wieder, vgl. Suetonius de viris inlustribus ed.
Reifferscheid p. 137 sqq.) Wäre Platon's Original-Exemplar oder
auch nur eine unter der Aufsicht der Schulhäupter daraus ge-
wonnene Copie am Sitz der Schule selbst vorhanden gewesen,

dann hätte es all dieser Vorkehrungen, all dieser kritischen
Anstalten nicht bedurft. Man hätte aus Alexandrien einfach
eine Anzahl verlässlicher Schreiber nach Athen entsandt, und
diese hätten in der Lehranstalt selbst eine Abschrift genommen,
deren Vertrauenswürdigkeit keiner Anfechtung unterlag; man
wäre, kurz gesagt, in nicht wesentlich anderer Art vorgegangen,
als wie man von Alexandrien aus mit dem auf Veranlassung
des Lykurgos verfertigten Staatsexemplar der drei grossen
Tragiker verfahren ist. Der Warnung vor Verunstaltungen,
welche der Text bis dahin in uncontrolierten Exemplaren er-
fuhr, hätte es vielleicht immer noch bedürfen können; aber die
Art dieser Warnungen hätte es wohl erkennen lassen müssen,
dass der Text nunmehr auf dem festen Grunde einer unantastbaren Ueberlieferung stand, was der Ausgabe ein von ihrer hier
geschilderten Gestalt sehr verschiedenes Ansehen gegeben hätte.

Ein Vorkommnis mag unerwartet, unwahrscheinlich oder
auch von vornherein unglaubhaft sein; dennoch muss es sich,
sobald seine Thatsächlichkeit über jeden Zweifel hinaus festgestellt ist, in den Zusammenhang der Dinge einfügen und,
falls uns dieser ausreichend bekannt ist, aus ihm erklären
lassen. Die letztere Voraussetzung trifft in unserem Falle zu.

Warum haben — so fragt man sich nicht ohne berech-
tigte Verwunderung — die Häupter der Philosophenschulen
ihre Werke nicht einfach auf diese vererbt? Die Antwort ertheilt uns ein Blick auf die Art, in welcher die Schulvorstände
bestellt wurden. Es geschah dies, soweit unsere Nachrichten
reichen, in vierfacher Weise:

1. durch Uebergabe der Lehranstalt bei Lebzeiten,

2. durch letztwillige Anordnung oder eine gleichwerthige
nichttestamentarische Verfügung,

3. durch die Wahl aus letztwillig bestimmten Zehnmännern,

4. durch freie unmittelbare Wahl der Schulgenossen.

Von jeder dieser Bestellungsarten kennen wir Beispiele,
und ebenso kennen wir Beispiele der Vererbung der Bücher
des scheidenden Schulhauptes. Die Durchmusterung dieser Beispiele wird uns zeigen, in welchen Instanzen beides Hand in
Hand ging, und in welchen das nicht der Fall war und, wie
wir vorgreifend bemerken dürfen, nicht der Fall sein konnte.

1. Die Uebergabe der Lehranstalt bei Lebzeiten des Vor-
standes an einen andern ist ein völlig singuläres Vorkommnis.
Der Akademiker Lakydes wird uns in diesem Betracht allein
genannt (Laert. Diog. IV 60: καὶ μόνος τῶν ἀπ᾿ αἰῶνος ζῶν παρ-
έδωκε τὴν σχολὴν Τηλεκλεῖ καὶ Εὐάνδρῳ τοῖς Φωκαεῦσι). Da uns das
Testament des Lakydes nicht erhalten ist, so fehlt uns über
die Vererbung seiner Bücher jegliche Kunde.

2. Zwischen diesem und dem ersten Fall besteht die
engste Verwandtschaft, und nicht in jeder Instanz lässt sich
zwischen beiden eine scharfe Grenzlinie ziehen. Hat Aristoteles,
als er ein Jahr vor seinem Tode, um dem gegen ihn anhängig
gemachten Asebie-Processe zu entgehen, Athen verliess und
sich nach Chalkis zurückzog, die Lehranstalt dem Theophrast
übergeben? Ohne Zweifel. Allein es ist sehr wahrscheinlich,
dass er schon vorher diesen seinen Lieblingsschüler zu seinem
Nachfolger bestimmt hat, so dass dessen Schulvorstehung gleich
sehr gesichert war, mochte nun Aristoteles seine Tage zu Athen
oder anderwärts beschliessen. Platon hat seinen Neffen Speusipp
zum Nachfolger eingesetzt, wobei es wieder unentschieden
bleibt, ob diese Verfügung erst nach seinem Tode in Wirk-
samkeit treten sollte, oder ob er etwa im höchsten Greisenalter
die Verwaltung der Anstalt bereits dem nahen Verwandten
übergeben hat.

Nur in zwei Fällen kennen wir den Wortlaut einer derartigen testamentarischen Verfügung: bei Epikur und bei dem
Peripatetiker Straton. Epikur beruft sich im Eingang seines
Testamentes auf eine im Staatsarchiv aufbewahrte Schenkungs-
urkunde, vermöge deren er sein Gesammtvermögen dem Amy-
nomachos und Timokrates zugedacht hat, ‚unter der Be-
dingung, dass sie den Garten sammt allem Zubehör dem
Hermarchos und denen, die mit ihm Philosophie treiben, und
desgleichen jenen, welche Hermarchos als wissenschaftliche
Nachfolger hinterlassen wird‘, zur Verfügung halten. Er bestellt somit Hermarchos zum Schulhaupt und verewigt zugleich
durch die hier angeführte und noch weitere nachfolgende Bestimmungen diesen, man möchte sagen monarchischen Bestellungsmodus des Schulhauptes (Laert. Diog. X 16 ff.). Im
besten Einklang damit steht es, dass Epikur auch seine ganze
Bücherei (die selbstverfassten Werke offenbar ebensowohl wie

jene fremder Verfasser) dem Hermarchos hinterlässt: δοῦναι δὲ (eine der vielen den Universalerben auferlegten Verpflichtungen) τὰ βιβλία τὰ ὑπάρχοντα ἡμῖν πάντα Ἑρμάρχῳ. Es kann keinem ernstlichen Zweifel unterliegen, dass Hermarchos die Bücher, durch seine eigenen Schriften und Erwerbungen vermehrt, in gleicher Weise seinem Nachfolger und diese den ihrigen hinterlassen haben. In der epikureischen Schule dürfen wir demgemäss den Bestand einer wahrhaften Schulbibliothek mit Fug voraussetzen, zwar nicht als Eigenthum der Schule selbst — wenigstens nicht in alter Zeit — wohl aber als Eigenthum der in ununterbrochener Folge von den jedesmaligen Vorgängern ernannten Schulhäupter. Dazu stimmt es, dass wir innerhalb dieser Schule Veranstaltungen kennen, welche die sichere Bewahrung literarischen Materials, desgleichen eine sammelnde und ordnende Thätigkeit kennen, die anderen Schulen abging. Ich denke hierbei an die nach Jahrgängen geordnete Briefsammlung der vornehmsten Schulmitglieder (vgl. ‚Ein Brief Epikur's an ein Kind‘ Hermes V, 386), auch an die Vermerke in herculanischen Exemplaren von Epikur's Hauptwerk, welche die Abfassungszeit der einzelnen Bücher von ‚περὶ φύσεως‘ bekunden. Ausnahmsweise begegnet eine Vererbung der Lehranstalt auch innerhalb der peripatetischen Schule, nämlich, wie schon bemerkt, bei Straton, und wieder ist mit ihr die Vererbung der Bücher verbunden, jedoch mit einem bedeutsamen Vorbehalt. In seinem Testamente nämlich lesen wir (bei Laert. Diog. V 62): καταλείπω δὲ τὴν μὲν διατριβὴν Λύκωνι . . . καταλείπω δ'αὐτῷ καὶ τὰ βιβλία πάντα, πλὴν ὧν αὐτοὶ γεγράφαμεν —. Auf diesen Vorbehalt werden wir alsbald zurückkommen.

3. Die Wahl des Nachfolgers aus Zehnmännern, die der Vorgänger designirt, scheint innerhalb der peripatetischen Schule der, wie wir soeben sahen, nicht ausnahmslose, aber doch weitaus überwiegende Bestellungsmodus gewesen zu sein. Wenigstens erscheint er zweimal, im Testament des Theophrast und in jenem des Lykon, während, vom Schulstifter abgesehen, dessen Verfügungsrecht überall der Natur der Sache gemäss ein unumschränktes war, nur eine Ausnahme, eben bei Straton, begegnet. In beiden Fällen fehlt die Vererbung an den — eventuellen — Schulnachfolger. Theophrast vermacht seine Bücher, wie schon oben bemerkt ward, einem Privatfreunde (τὰ

ἐξ βιβλία πάντα Νηλεῖ Laert. Diog. V 52), Lykon hinterlässt seine
bereits publicierten Schriften seinem Freigelassenen Chares, die
noch unveröffentlichten einem jener Zehnmänner, dem ihm augen-
scheinlich hierfür als am meisten geeignet geltenden Kallinos,
‚zum Behuf sorgfältiger Herausgabe‘ (Laert. Diog. V 73: καὶ
Χάρητα ἀφίημι ἐλεύθερον . . . καὶ δύο μνᾶς αὐτῷ δίδωμι καὶ τὰμὰ βιβλία
τὰ ἀνεγνωσμένα· τὰ δ' ἀνέκδοτα Καλλίνῳ ὅπως ἐπιμελῶς αὐτὰ ἐκδῷ).
Also hier eine Scheidung innerhalb der eigenen Werke, wie
wir bei Straton eine solche zwischen eigenen und fremden
fanden.

4. Die Wahl des Schulhauptes durch die ‚jungen Leute‘
war innerhalb der platonischen Schule die Regel, und zwar
fand diese Wahl mittelst geheimer Abstimmung statt; sie erfolgte bisweilen mit knapper Mehrheit; nicht immer gab die
wissenschaftliche oder persönliche Bedeutung den Ausschlag,
auch Höflichkeitsrücksichten gegen ein bejahrtes Schulmitglied
haben gelegentlich mitgespielt. Ueber all das sind wir nunmehr
durch die reichen Details, welche der herculanensische Papyrus
1021 anlässlich der Erwählung des Xenokrates und des Arkesilaos enthält, eingehend unterrichtet. In keinem dieser Fälle
findet eine Vererbung der Bücher an den Schulnachfolger statt.
Und wir dürfen sofort hinzufügen: sie konnte nicht stattfinden.
Das Ergebnis der Wahl liess sich ganz und gar nicht voraussehen; es war durch zufällige Umstände, wie die zeitweilige
Abwesenheit eines angesehenen Schulmitgliedes, bedingt; der
Wahlkampf war ein heftiger; der schliessliche Sieger liess andere Mitbewerber nur um wenige Stimmen hinter sich; die
geheime Abstimmung endlich liess das Wahlergebnis noch weniger vorhersehen, als es sonst möglich gewesen wäre. Man
erwäge die nachfolgende gar bedeutsame Schilderung der Wahl,
aus welcher Xenokrates als Sieger hervorging: οἱ δὲ νεανίσκοι
ψηφοφορήσαντες ὅστις αὐτῶν ἡγήσεται, Ξενοκράτην εἵλοντο τὸν Καλ-
χηδόνιον, Ἀριστοτέλους μὲν ἀποδεδημηκότος εἰς Μακεδονίαν, Μενε-
δήμου δὲ τοῦ Πυρραίου καὶ Ἡρακλείδου τοῦ Ἡρακλεώτου παρ' ὀλίγας
ψήφους ἡττηθέντων. ὁ μὲν οὖν Ἡρακλείδης ἀπῆρεν εἰς τὸν Πόντον, ὁ
δὲ Μενέδημος ἕτερον περίπατον καὶ διατριβὴν κατεσκευάσατο (Col. 7.
Vgl. ‚Die Akademie und ihr vermeintlicher Philomacedonismus‘,
Wiener Studien 1882). Nicht minder die Erwähnung des Vor-
gangs, der sich vor der Erwählung des Arkesilaos abspielte:

Σωκρατίδου ἐκχωρήσαντος αὐτῷ, ὃν διὰ τὸ πρεσβύτατον ὄντα προ-
εστήσαντο᾽ ἑαυτῶν οἱ νεανίσκοι.

Thut es noth, aus diesen Darlegungen die Summe zu
ziehen? Die Vererbung der Bücher an den Schulnachfolger geht mit der Vererbung der Schulvorstehung
Hand in Hand. Aristoteles hat Theophrast zu seinem Nachfolger bestellt. Was Wunder, dass er ihm auch seinen ganzen Besitz an Büchern, an eigenen wie an fremden, hinterliess. Nicht
anders steht es um Epikur und Hermarch und wohl auch um
Platon und Speusipp. Wenn gelegentlich einmal ein anderer als
ein Schulstifter das Lehramt vererbt, da begleitet den ausnahms-
weisen Vorgang auch die ausnahmsweise Büchervererbung, dann
aber nicht ohne Vorbehalt, weil eben die Gewohnheit, die selbstverfassten Werke theils um ihres pecuniären Werthes willen,
theils im Hinblick auf die besonderen Eigenschaften, welche
ihre Herausgabe erforderte, bestimmten Privatpersonen zu ver-
machen, bereits die herrschende geworden war. Und da ergibt
sich denn auch naturgemäss die Trennung der publicierten
von den Nachlassschriften, indem es bei den ersteren mehr
auf ein dem Erben zugedachtes Benefiz abgesehen war, bei den
letzteren eine verantwortungsvolle kritische Aufgabe in Frage
kam. Völlig beispiellos und, wie nunmehr jedermann begreift,
geradezu unmöglich war eine letztwillige Verfügung, welche
jenes Benefiz und diese Aufgabe demjenigen zuwies, der in
einem bestrittenen und von mannigfachen Zufälligkeiten be-
dingten Wahlkampf als Sieger aus der Urne hervorgehen
würde. Diesem Unbekannten sein in jeder Rücksicht werth-
vollstes und wichtigstes Besitzthum von vornherein zuzusprechen
— das lag jedem Schulhaupt des Alterthums ebenso ferne, wie
es jedem Denker und Schriftsteller zu allen Zeiten ferngelegen
ist. Und darum hat es in den Schulen, die nicht wie die
epikureïsche eine gleichsam monarchische Verfassung besassen,
keine Schulbibliotheken gegeben, am allerwenigsten solche,
welche die Original-Handschriften der Werke der Schulhäupter
enthielten.

Möge niemand einwenden, dass die Vererbung des be-
deutungsvollsten Besitzes zwar nicht füglich an den unbekannten künftigen Schulvorstand, wohl aber an die Schule
selbst erfolgen konnte. Das würde voraussetzen, dass die

Philosophenschule ein Rechtssubject, eine juristische Person gewesen ist, dass sie Corporationsrechte besessen hat. Das trifft
für eine späte Zeit zu, in welcher (etwa erst unter der
Herrschaft des römischen Rechtes?) die Philosophenschulen, sei
es in der Rechtsform der societas, sei es in jener der univer-
sitas, Vermögen besassen, Schenkungen empfangen und Erb-
schaften antreten konnten. In der Epoche, die uns hier beschäftigt, war das erweislichermassen nicht der Fall. Das
lehren die Philosophen-Testamente mit sonnenklarer Deutlich-
keit und unwiderleglicher Sicherheit. Diesen Schluss haben aus
ihnen auch die wenigen Juristen gezogen, die sich bisher mit
dem Gegenstand beschäftigt haben. Vgl. C. G. Bruns, Kleinere
Schriften (Weimar 1882) II, S. 218, 220, 225, 236.[1] Desgleichen
Dareste im Recueil des inscriptions juridiques grecques, 2. Serie,
1. Fascikel (Paris 1898): cependant, un collège de philosophes
ne pouvait être assimilé légalement à une corporation reli-
gieuse, quoique groupé autour d'un temple ou d'un musée, und
dazu Anmerkung 3: l'organisation du culte et des fêtes était
bien analogue à celle des communautés religieuses, mais la
personnalité juridique faisait défaut. Wenn schon im
Alterthum Harpokration s. v. Ὀργεῶνες unter Verweisung auf
Theophrast's Testament das Gegentheil behauptet, so wird ihm
p. 115 vollkommen richtig erwidert: mais il n'y a pas un mot
de cela dans le testament de Théophraste, dont le texte prouve
précisément que le Lycée n'était pas personne civile.
Die äusserste Annäherung, aber doch nur eine Annäherung an
den Begriff eines Zweckvermögens findet sich in den (von uns
zum Theil angeführten) Bestimmungen des Testamentes Epikur's, welche das Eigenthum an Haus und Garten nicht mehr
blos moralischen, sondern rechtlichen, auf die Nutzniessung bezüglichen Beschränkungen unterwerfen. Darum heisst jenes
Eigenthum a. a. O. mit Recht: une propriété qui se trouve
ainsi grévée d'un droit d'usage fidéïcommissaire.

---

[1] Minder klar und consequent erscheinen Bruns' Aeusserungen über die
Vererbung der Bücher S. 217, 226 und 231. Diesen Punkt scheint jener
Gelehrte nicht in ausreichendem Masse erwogen zu haben.

Hier mag dieser kleine Aufsatz schliessen, dem vielleicht ein andermal eine Erörterung des Testamentes Platon's nachfolgen soll. Würde ich diese hier unmittelbar anschliessen, so möchte der falsche Schein entstehen, als ob die beiden Fragen mit einander in einem engeren Zusammenhang stehen, als es in Wirklichkeit der Fall ist; und die Unsicherheit, die einer Hypothese über die ursprüngliche Textgestalt jenes Schriftstückes anhaftet, könnte leicht ihren Schatten auf Ergebnisse werfen, die mir von solcher Ungewissheit frei zu sein scheinen.

Ausgegeben am 25. Juli 1899.